RELATION SOMMAIRE

DU SIÈGE

DE LA

CITADELLE D'ANVERS,

RENDUE A L'ARMÉE FRANÇAISE,

LE 23 DÉCEMBRE 1832,

APRÈS VINGT-QUATRE JOURS DE TRANCHÉE OUVERTE.

PARIS.

A LA DIRECTION DU SPECTATEUR,

RUE ET PASSAGE DAUPHINE, N° 36,

ET CHEZ ANSELIN, LIBRAIRE POUR L'ART MILITAIRE,

RUE DAUPHINE, N° 9.

1833.

RELATION SOMMAIRE

DU SIÉGE

DE LA CITADELLE D'ANVERS,

RENDUE A L'ARMÉE FRANÇAISE, LE 23 DÉCEMBRE 1832,
APRÈS VINGT-QUATRE JOURS DE TRANCHÉE OUVERTE. (2)

L'armée du Nord, commandée par le maréchal Gérard, avait sauvé la Belgique de l'invasion des Hollandais
en 1831, mais elle était rentrée en France, sans que la
question belge fût entièrement résolue. Le roi Guillaume
persistait toujours dans son refus de souscrire au traité
du 15 novembre 1831 ; la France et l'Angleterre se dé-

(1) Le *Spectateur militaire* est consacré à développer les théories de
l'art militaire, à retracer les faits les plus mémorables des guerres
anciennes et modernes, à exprimer les vœux et les besoins de l'armée, et à lui donner les nouvelles qui lui sont spécialement utiles. —
Ce recueil paraît le 15 de chaque mois, par cahier de 7 à 8 feuilles
d'impression. — Le prix de l'abonnement est de 30 fr. par an pour
Paris et les départemens, et de 36 fr. pour l'étranger. --- A Paris ,
chez M. NOIROT, directeur-gérant, rue et passage Dauphine, nᵒ 36,
et chez ANSELIN, libraire, rue Dauphine, nᵒ 9.

(2) Voir le plan et la légende à la fin de la relation.

1 .

terminèrent enfin à employer des moyens coërcitifs. Elles envoyèrent chacune une escadre dans la mer du Nord, afin de bloquer les ports de la Hollande, et l'armée française entra de nouveau en Belgique, pour faire le siége de la citadelle d'Anvers.

L'Autriche, la Prusse et la Russie ne virent pas de bon œil cette nouvelle intervention. La Prusse mit des troupes en mouvement, et réunit un corps d'armée sur la basse Meuse. La France, prête à tout, assembla de nouvelles divisions sur sa frontière de l'Est. Mais les puissances du Nord se bornèrent *à ne pas consentir*, et à observer.

Ce fut le 15 novembre 1832 que l'armée du Nord, dont l'avant-garde était commandée par le duc d'Orléans, entra de nouveau sur le territoire belge. Elle se composait de cinq divisions d'infanterie, deux divisions de cuirassiers et dragons, et trois brigades de cavalerie légère.

La première division d'infanterie se porta sur la rive gauche de l'Escaut devant la Tête de Flandre, qui était couverte par une vaste inondation; elle poussa jusqu'au fort Sainte-Marie, pour couper les communications de la citadelle, par l'Escaut, avec la Hollande, et en compléter ainsi le blocus, de concert avec la deuxième division, qui occupa, sur la rive opposée, le fort Saint-Philippe. Cette dernière division, avec une brigade de la troisième, l'avant-garde et toute la cavalerie légère, également postées en avant d'Anvers, observaient l'armée hollandaise. La quatrième division et l'autre brigade de la troisième étaient destinées pour le siége de la citadelle. La cinquième, en partie composée de grenadiers et de voltigeurs réunis, était à Malines, et formait la réserve de l'armée. Les deux divisions de cuirassiers et de dragons étaient restées en arrière, près d'Alost et de Grammont.

Le général Saint-Cyr-Nugues était chef de l'état-major général. Le général Haxo, commandant du génie, se rendit à Anvers dès le 17 novembre, pour reconnaître la citadelle et fixer définitivement son opinion sur le point d'attaque. Le général Neigre, commandant de l'artillerie, y arriva le lendemain.

La citadelle d'Anvers est située sur le bord de l'Escaut, en amont de la ville. C'est un pentagone régulier, à grands côtés, avec fossés pleins d'eau, quatre demi-lunes, un chemin-couvert, et du côté de la campagne, deux lunettes qui prennent leur nom du village de Kiel et de l'église Saint-Laurent, dont elles sont voisines.

Quatre des bastions rappellent les noms du fameux *Hernando de Tolède, duc d'Albe,* qui fit construire la citadelle en 1568, lors du soulèvement des Pays-Bas contre l'Espagne; l'autre porte le nom de *Paciotto,* ingénieur italien qui fut chargé de cette construction. Cette citadelle fut regardée dans le temps comme un chef-d'œuvre de l'art : elle servit de modèle pour celle de Pampelune, dont nous fîmes le siége en 1823. Le front des bastions Hernando et de Tolède, tourné vers la lunette Montebello, est le seul qui n'ait pas de demi-lune.

Les flancs des bastions sont divisés en deux parties ; celle qui touche à la courtine étant basse, démasque le feu du flanc d'un bastion intérieur qui sert de retranchement quoique n'étant pas revêtu. Ces flancs, par cette disposition, peuvent recevoir huit pièces de canon. Les flancs bas sont unis par une galerie souterraine où sont pratiquées des amorces de mines. La citadelle possède encore un grand nombre d'autres souterrains à l'épreuve de la bombe.

Les eaux de l'Escaut entrent dans les fossés du corps de place par deux conduits passant sous la demi-lune de la porte de fer, et peuvent y produire des courans à la faveur de la marée et au moyen des écluses de ces conduits. Les fossés de trois demi-lunes, ainsi que ceux des deux lunettes, avec lesquels ils communiquent par des aqueducs, participent à ces manœuvres d'eau. La quatrième demi-lune, celle de la porte de Fer, a son fossé constamment sec, mais son escarpe et sa contre-escarpe sont revêtues en maçonnerie, et la première a sur tout son pourtour une galerie crénelée qui augmente encore le nombre des abris contre la bombe.

Les lunettes de Kiel et de Saint-Laurent, construites depuis la paix de 1815, ont aussi un revêtement à leur escarpe. Leur gorge est défendue par un mur crénelé de forme bastionnée. Elles communiquent avec le chemin-couvert des demi-lunes par de doubles caponnières.

Ces lunettes opposent déjà de grands obstacles à l'attaque de la citadelle du côté de la campagne; mais la nature du terrein ajoute encore à la difficulté de cette attaque. Les eaux, qui s'y trouvent en abondance, ayant très peu de pente vers l'Escaut, ne s'écoulent que difficilement en toutes saisons, surtout en hiver, où elles sont grossies par des pluies plus fréquentes. Cet écoulement cesse quelquefois tout-à-fait pendant plusieurs jours, lorsque la violence des vents d'ouest s'oppose à l'abaissement suffisant des eaux de l'Escaut, comme cela a eu lieu lors de nos premières opérations devant la place. Tout semblait donc se réunir pour rendre l'attaque du côté de la campagne, sinon impossible, du moins extrêmement difficile.

Du côté de la ville, au contraire, le terrein est très favorable aux attaques : il n'y a point d'ouvrages avancés, et l'on peut s'approcher de très près à la faveur des masses des maisons. Mais si l'on avait attaqué de ce côté, la ville aurait été probablement bombardée, ou du moins aurait beaucoup souffert des feux dirigés contre les assiégeans. Quelques personnes se disaient : « Que sont des maisons, des centaines de maisons même, contre une plus grande perte et d'hommes et de temps ? En supposant un mouvement de l'armée hollandaise combiné avec les Prussiens, quelle différence pour les Français d'être possesseurs de la citadelle, ou seulement occupés à en faire le siége ? que ne risqueraient-ils pas dans cette dernière position ? » Mais les raisons de guerre durent toutes fléchir devant des motifs d'humanité, de générosité, et peut-être aussi de politique.

Il ne restait plus à choisir qu'entre les fronts de Kiel et de Saint-Laurent. Du côté de Kiel, nos tranchées auraient pu être prises en flanc par le fort de Burcht, et même à revers par les canonnières hollandaises. Il fallut donc se déterminer pour le côté de Saint-Laurent. Il s'y trouvait cependant tant de flaques et de fossés d'eau, que le général Chassé, qui connaissait bien ce terrein, où il avait une maison de campagne, se persuadait qu'il était impossible d'y conduire une attaque.

Depuis plus de deux ans que la citadelle d'Anvers était menacée d'un siége, tantôt par les Belges, tantôt par les Français, les Hollandais avaient eu tout le temps de la mettre dans l'état le plus respectable. Des traverses multipliées, de nombreux blindages, pour mettre à l'abri et les hommes et les bouches à feu, particulièrement sur les flancs des bastions, le grand magasin à poudre, déjà par sa construction à l'épreuve de la bombe, recouvert, pour plus de sûreté, de fascines et de terre ; les retranchemens intérieurs, les places d'armes rentrantes des

chemins-couverts des fronts 2-3 et 3-4, et les caponnières des lunettes, palissadés; un fossé creusé au pied
des murs de gorge de ces lunettes, pour en augmenter
la hauteur, et des trous de loup pour en défendre l'ap-
proche : tels étaient les principaux moyens par lesquels
on avait renforcé les défenses déjà existantes de la citadelle. On y avait ajouté, à l'extrémité des orillons du
bastion de Tolède, deux blindages destinés à recevoir
des pièces pour flanquer les faces du retranchement intérieur. Cette disposition, ainsi que les palissades du retranchement intérieur, semblait annoncer le dessein de
soutenir l'assaut au corps de place.

La garnison dépassait de beaucoup celle qu'on met
ordinairement dans des pentagones : elle était forte de
plus de cinq mille hommes; renfermée depuis deux ans
dans la forteresse, elle devait s'être familiarisée avec l'i-
dée d'un siége et de tout ce qu'il peut comporter de fatigues et de dangers. Elle avait cent trente bouches à feu,
la poudre, les munitions, et toute espèce d'approvisionnemens presque à profusion. Elle était secondée par une
flottille de douze canonnières qui entretenait la communication avec la Tête-de-Flandre et les forts qui en dépendent sur la rive gauche. Cette garnison enfin avait
pour chef le général Chassé, que l'on disait bien déter-
miné à s'ensevelir sous les ruines de la citadelle, et à se
faire sauter plutôt que de se rendre.

Les troupes de l'artillerie et du génie arrivèrent le
19 novembre et les jours suivans à Berchem, très beau
village à une demi-lieue d'Anvers. Elles s'occupèrent
immédiatement à confectionner et à réunir les approvisionnemens de siége qui ne se font guère que sur les
lieux, tels que gabions, fascines, claies, etc.; les autres,
tirés de France, étaient venus par eau, ceux de l'artillerie

à Boom, et ceux du génie à Schelle. De ces deux points, des routes pavées conduisent devant Anvers.

L'artillerie fit une diligence incroyable pour amener à portée de la citadelle ses bouches à feu et toutes leurs munitions. Elle ne put cependant achever ce transport avant le 29 novembre. Tout fut prêt dès-lors pour commencer le siége, et l'ouverture de la tranchée fut fixée à la nuit du même jour. Le choix du point d'attaque avait été approuvé par le maréchal commandant en chef, qui se rendit à Berchem pour ne plus s'en éloigner que le siége ne fût fini.

A l'entrée de la nuit du 29 au 30 novembre, les trois brigades d'infanterie particulièrement destinées au siége se rapprochèrent jusqu'à la hauteur de Berchem; et les postes belges, qui, en vertu d'un armistice conclu en 1831, occupaient une ligne peu distante de la citadelle, furent relevés par des postes français.

L'ouverture de la tranchée avait été préparée avec le plus grand soin par le général Haxo; aussi le travail fut-il entièrement conforme au tracé indiqué d'avance sur le terrain et sur le papier. Outre la première parallèle, qui était d'un côté à 450 mètres du saillant du chemin-couvert du bastion de Tolède, et de l'autre à 300 du chemin-couvert de la lunette Saint-Laurent, il comprenait un embranchement vers le chemin-couvert de la lunette Montebello, et s'étendait sur la gauche jusqu'au-delà de la rencontre des routes de Boom et d'Hoboken, et les communications en arrière se prolongeaient au loin vers les dépôts de tranchée, établis, l'un à Berchem, et l'autre sur la route de Boom. L'exécution fut entravée par un grand nombre de haies, de murs, de fossés et de chemins qui, se croisant dans tous les sens, font une espèce de dédale des environs de la citadelle. Enfin, une pluie battante qui ne cessa de tomber le soir pendant qu'on plaçait les gardes et les travailleurs, et qui recommença le matin avec une nouvelle force, rendit plus difficile encore le succès complet de l'opération. L'ouvrage tout entier n'en fut pas moins exécuté, et l'on y était partout couvert avant le jour. On y employa trois mille cinq cents travailleurs.

A huit heures du matin seulement, les Hollandais s'aperçurent de nos travaux. Cependant ils ne tiraient point encore; leur silence faisait douter que l'on en vînt à de véritables hostilités. Enfin, à midi ils ouvrirent leur feu.

Ce fut un transport de joie dans notre armée, non moins parmi les soldats que parmi les officiers. « Ce n'était donc plus pour tenir l'épée dans le fourreau qu'on nous avait cette fois envoyés en Belgique : nous allions donc avoir des dangers à courir, des occasions de nous signaler! » On poussait des acclamations, on se félicitait mutuellement. Le duc d'Orléans, qui montait alors sa première tranchée, témoignait vivement sa satisfaction.

Pendant que l'armée française était heureuse d'entendre gronder le canon de la citadelle, les habitans d'Anvers ressentaient de vives alarmes, par la crainte de le voir se diriger sur leurs maisons. Le général Chassé se garda bien de rien faire contre la ville, dont la neutralité seule éloignait l'attaque du point le plus faible de la citadelle.

L'artillerie assiégée ne tira d'abord que faiblement. Nous augurions, en la voyant débuter ainsi, que son feu ne serait jamais bien vif. Nos prévisions sur ce point furent trompées.

La pluie et le défaut d'écoulement du ruisseau de

Kiel, qui nous avaient déjà incommodés beaucoup dès le premier jour, nous incommodèrent encore davantage les jours suivans. Nous fîmes de vains efforts pour nous débarrasser de l'eau qui remplissait nos tranchées. On n'en commença pas moins à cheminer en avant dès la deuxième nuit.

On chercha, en s'avançant vers la place, à éviter le plus possible les flaques et les cours d'eau. On y réussit pour une grande partie de ceux qui sont devant la lunette Saint Laurent, autour du jardin dit de l'Harmonie. Mais on ne put les éviter tous; et la pluie continuant de tomber à verse, il y avait de l'eau et de la boue jusqu'à mi-jambe dans une grande partie de nos tranchées.

L'artillerie, par une heureuse innovation, avait commencé ses batteries dès la nuit de l'ouverture de la tranchée. Ce ne fut cependant que le cinquième jour qu'elle fut en mesure de les faire jouer. Elle trouva, pour y conduire les pièces, à travers un terrein détrempé par les pluies, de telles difficultés, qu'on put s'étonner qu'elles les eût surmontées. On fut redevable de ce résultat à l'activité des officiers et des soldats, et surtout aux dispositions du général Neigre, qui en assura partout l'exécution par sa présence.

Le 4 décembre, à onze heures et demie du matin quatre-vingt-deux bouches à feu (canons, obusiers et mortiers répartis dans douze batteries), commencèrent à tirer à-la-fois contre la citadelle. Bien des gens se flattaient qu'elles allaient l'accabler presque sur-le-champ et la forcer à se rendre le jour même. Mais leur espérance fut bien déçue. Le feu de l'artillerie de la citadelle ne fit, pour ainsi dire, que s'animer par degrés, et au lieu de se ralentir, il alla presque toujours croissant pendant le reste du siége. Le chef de cette arme, qui avait servi dans nos rangs, avait adopté pour système de le ménager beaucoup d'abord, de l'augmenter ensuite progressivement, et de lui donner à la fin la plus grande vivacité dont il serait susceptible. Une partie de la deuxième parallèle était déja faite avant que nos batteries eussent joué; et le soir du jour où elles ouvrirent leur feu, elle fut entièrement terminée. Le même soir, on entra et on s'établit dans la place d'armes saillante du chemin-couvert de la lunette Saint-Laurent, qui n'était point occupé par l'ennemi. Les nuits suivantes on continua sans interruption de marcher en avant, bien que quelques personnes conseillassent d'attendre que le feu de l'artillerie de la place fût, si non éteint, du moins affaibli.

Aux pluies qui nous avaient si fort incommodés d'abord, succéda pendant quelques nuits un inconvénient d'un autre genre, et non moins grave; ce fut un clair de lune qui faisait distinguer les objets comme en plein jour. Les gabions de nos sapes étaient renversés par les boulets, le travail en était ralenti, et les pertes chaque jour plus sensibles. Ce fut là l'époque la plus pénible du siége.

La face gauche de la lunette Saint-Laurent n'étant pas complètement flanquée par les ouvrages du corps de la citadelle, on résolut de profiter de ce défaut de la fortification, pour y attacher le mineur. Un radeau fut construit sous une descente blindée, qui le déroba aux yeux de l'assiégé. Lancé dans le fossé, il porta les mineurs contre l'escarpe. Une fusillade non interrompue couvrit le bruit de leur travail, qui ne fut point connu des défenseurs. La dureté des maçonneries et quelques éboulemens de terre survenus dans les rameaux de mine, furent cause qu'on employa quatre jours à préparer les fourneaux, qui ne purent jouer que dans la nuit du 13 au 14.

Leur explosion produisit une brèche magnifique. Deux compagnies d'élite passèrent le fossé sur un pont de fascines qu'on avait fait avant l'explosion, franchirent la brèche, et, sans tirer un seul coup de fusil, pénétrèrent dans l'ouvrage, dont les défenseurs surpris n'opposèrent presque aucune résistance. D'autres détachemens escaladaient en même temps la gorge de la lunette. Le succès fut complet; sur cent hommes qui composaient la garnison de la lunette, quarante environ étaient parvenus à s'échapper, en sautant par-dessus le mur de gorge; les autres furent faits prisonniers; quelques-uns seulement furent blessés au moment de l'assaut. Aussitôt après, on fit un nid de pie au saillant, et, pour mieux assurer la possession de l'ouvrage, on exécuta un bout de parallèle, à la sape volante, au pied de la gorge, le long de la route de Boom.

Depuis long-temps on n'avait pas vu employer la mine pour ouvrir des ouvrages qui pouvaient être mis en brèche par le canon; aussi quelques personnes se sont-elles demandé pourquoi l'on avait préféré ce moyen. Le défaut de flanquement de l'escarpe en a suggéré l'idée, et on espérait parvenir plus promptement au résultat. Si on eût fait brèche par le canon, la construction du pont, ni l'assaut n'auraient pu être surpris à l'ennemi, qui eût alors dirigé ses feux sur le fossé. On n'aurait point gagné de temps, et l'on eût perdu des hommes.

Sans doute, on aurait pu, sans recourir à la mine ni au canon, attaquer la lunette de vive force par la gorge, et faire en même temps un logement qui l'eût reliée au reste de nos travaux. Mais cette attaque et ce logement auraient été d'un succès douteux. Eussent-ils réussi l'une et l'autre, ils nous auraient toujours coûté du monde.

Le maréchal Gérard pensa qu'il valait mieux n'avoir recours à la baïonnette que là où la pelle et la pioche seules
ne pourraient suffire. Il voulait ne rien donner au hasard,
et prévenir jusqu'à la possibilité d'un échec, qui aurait
pu être d'une conséquence funeste pour la suite du
siége, et avoir en Europe un retentissement fâcheux
pour l'honneur de nos armes.

Il faut savoir qu'il y avait dans Anvers et aux environs
un grand nombre d'officiers étrangers, et surtout d'An-
glais et de Prussiens, qui s'enquéraient, par toutes les
voies, et des opérations du siége, et de l'esprit de nos
troupes. Avant la prise de la lunette Saint-Laurent,
voyant nos soldats et nos officiers, lorsqu'ils revenaient
de la tranchée, trempés jusqu'aux os et couverts de boue
de la tête aux pieds, il leur semblait que nous ne pour-
rions sortir de ce siége à notre honneur. Mais la prise
de cet ouvrage, presque sans perte, les fit tout-à-coup
changer de sentiment. Elle produisit aussi le meilleur
effet sur nos troupes, en augmentant leur confiance, et
il y eut dès-lors dans l'armée une sécurité complète sur
le dénoûment du siége.

La lunette Saint-Laurent n'était point sur le chemin
direct, mais seulement sur le flanc, de notre attaque,
qui s'adressait à la face gauche du bastion de Tolède.
Cette face était pour nous d'un accès plus facile que la
face droite du même bastion, n'ayant point, comme
celle-ci, la protection d'une demi-lune; toute sortie de ce
côté était d'ailleurs interdite à l'assiégé. Nos approches,
qui d'abord embrassaient un grand terrein, avaient été
se resserrant ensuite, et refusant leur gauche. Tout ce
qu'on avait fait contre la lunette Saint-Laurent n'en avait
point suspendu la marche. Elles avaient toujours conti-
nué d'avancer vers le véritable point d'attaque. Une

troisième, une quatrième parallèles avaient été construites ; et dans la nuit du 12 au 13, qui précéda celle où la
lunette fut prise, on avait déjà couronné le saillant du
chemin-couvert du bastion de Tolède.

Notre artillerie rapprocha successivement quelques-
unes de ses batteries de canons et de mortiers ; elle lança
surtout une grande quantité de bombes, qui firent d'affreux ravages dans la citadelle. Les bâtimens et les blindages de l'intérieur ne purent résister ; ils furent tous
incendiés et détruits, à l'exception du grand magasin à
poudre, et la garnison ne trouva plus d'abri que dans les
casemates ; plusieurs petits magasins à poudre ou dépôts
de munitions sautèrent. Un grand nombre de pièces
furent démontées ; mais elles étaient bientôt remplacées
par d'autres, prises sur les fronts éloignés des attaques.
Les flancs des bastions Hernando et Paciotto, qui avaient
vue sur les attaques, firent jusqu'à la fin un feu très vif,
et les nombreux mortiers de la place, qui étaient en partie à couvert sous des blindages, ne cessèrent de tour-
menter nos travaux par la vivacité et la justesse de leur tir.

Le défaut d'écoulement des cours d'eau traversés par
nos tranchées, nous causait toujours le plus grand em-
barras. On fit plusieurs nouveaux boyaux pour rempla-
cer ceux qui étaient devenus tout-à-fait impraticables.
On en pava, pour ainsi dire, plusieurs autres de fascines
et de claies, pour qu'il fût possible de continuer d'y
passer ; mais, malgré tous ces soins et ces précautions,
on ne put jamais réussir à les assécher. Ce fut là le plus
grave inconvénient contre lequel nous eûmes à lutter
depuis le commencement jusqu'à la fin du siége.

On n'a point encore parlé des sorties, par lesquelles
l'assiégé tenta de s'opposer à nos travaux. Elles eurent
lieu dans la première moitié du siége, et ne furent la

plupart, pour ainsi dire, qu'essayées. Quelques-unes n'eurent même pour but que de mettre le feu à des bâtimens. Les deux plus considérables furent celles du 2 décembre et de la nuit du 10 au 11.

La première partit, en plein jour, du chemin-couvert de la lunette de Kiel ; elle était de 60 à 70 hommes, et se dirigea vers le point de jonction des routes de Boom et d'Hoboken. A peine vit-elle notre garde de tranchée marcher à sa rencontre, qu'elle s'enfuit avec la plus grande précipitation.

La deuxième se fit sur notre droite, en avant de la face gauche du bastion de Tolède, par 60 hommes d'infanterie et un détachement de mineurs. Les premiers devaient chasser nos travailleurs ; les seconds devaient venir ensuite pour détruire une partie de nos tranchées. Mais les fantassins n'osèrent avancer plus loin que le milieu du glacis. Les mineurs alors passèrent devant, marchèrent sur notre sape, surprirent et mirent en fuite nos travailleurs, et renversèrent plusieurs gabions qui venaient d'être posés. Ils se retirèrent ensuite, avant que notre garde de tranchée fût venue sur eux, ne laissant qu'un des leurs sur la place. L'infanterie hollandaise, qui était restée sur le glacis, eut plusieurs soldats mis hors de combat, et deux officiers tués ou mortellement blessés. Elle ne nous blessa pas un seul homme.

La fuite précipitée de la sortie du 2 décembre avait déjà produit sur l'esprit des chefs de la citadelle un effet très fâcheux pour la défense. La timidité de leur infanterie dans la nuit du 10 au 11, qui l'avait exposée à plus de danger et de perte que si elle avait marché bravement en avant, comme firent les mineurs, acheva de leur persuader qu'ils ne pouvaient point compter sur de tels hommes pour des actions qui exigeaient de la vigueur et de l'élan. Ils ne firent depuis aucune nouvelle sortie.

Du reste, en jetant les yeux sur le plan des attaques, on verra qu'elles étaient dirigées de manière à rendre les sorties presque impossibles, ou d'un effet presque nul dans la dernière période du siége, c'est-à-dire à l'époque où elles peuvent être vraiment dangereuses pour l'assiégeant.

Quelques personnes ont fait grand bruit de l'avantage que, suivant elles, les Français auraient tiré de la possession de deux ouvrages extérieurs de la ville, la lunette Montebello et la contregarde située entre cette lunette et la citadelle. Nous eûmes, il est vrai, une batterie de canons et d'obusiers, et une autre de mortiers dans la lunette Montebello ; mais ces batteries auraient produit le même effet, placées sur les glacis ou dans la campagne, où elles se seraient trouvées plus près des objets qu'elles devaient frapper. On fit des créneaux blindés pour des fusiliers dans la face et le flanc droits de la contregarde. Ils étaient principalement destinés à plonger dans le chemin-couvert du bastion de Tolède ; et ce chemin-couvert ne fut ni défendu, ni même sérieusement occupé par l'assiégé. Enfin, on établit aussi une batterie sur le terre-plein du flanc gauche de cette contregarde, pour ruiner le batardeau qui sépare les fossés de la ville de ceux de la citadelle, et faire baisser ainsi les eaux de ces derniers. Mais au moment même où cette batterie ouvrait son feu, le batardeau s'écroula par vétusté ou par suite de sa mauvaise construction. Les assiégés avaient bouché avec des sacs à terre une écluse de communication pratiquée dans ce même batardeau. Cette écluse s'étant r'ouverte par suite d'un écoulement qu'on avait donné aux eaux du fossé de la ville, ils s'imaginèrent que dès le 10 nous avions fait jouer une batterie basse pour le percer. Celle que nous établîmes réellement dans ce but ne tira que le 17.

A cette époque, le couronnement de la branche gauche du chemin-couvert du bastion de Tolède, où devait être établie la batterie de brèche, et celui de la partie de la branche droite nécessaire pour l'emplacement de la contre-batterie, étaient terminés. Une descente de fossé, entièrement souterraine, était entreprise et assez avancée, et l'on en faisait une seconde, à ciel ouvert, qui devait se terminer aussi par une partie souterraine, déboucher à côté de la première, et communiquer avec elle le long de la contrescarpe.

Pendant ces derniers travaux, nécessairement très lents, parce qu'ils ne pouvaient s'exécuter que par un petit nombre de mineurs, on couronnait le saillant et la branche gauche du chemin-couvert de la demi-lune; on commença même, dans la nuit du 18 au 19, un pont de fascines sur le fossé de cet ouvrage, afin d'être en état de s'en emparer promptement si son feu gênait nos travaux ultérieurs; mais cette nécessité ne s'étant pas fait sentir, l'on se borna, les jours suivans, à faire les logemens nécessaires pour répondre avec avantage à la mousqueterie de la face gauche, dont le feu aurait pu inquiéter notre contre-batterie.

Cette tentative produisit cependant une diversion avantageuse. L'assiégé, persuadé qu'on avait l'intention de continuer le pont les nuits suivantes, y dirigea constamment une partie de ses feux.

L'armement de ces deux batteries était extrêmement difficile, à cause de la distance et du mauvais terrein à parcourir pour y conduire les pièces et leurs approvisionnemens. Le général Neigre voulut présider lui-même à cette opération, comme il avait déjà fait pour les premières batteries. Tous les obstacles furent vaincus; et les deux batteries purent jouer le 21. L'ennemi leur répondit par un grand nombre de pièces qu'il avait réservées pour ce dernier moment, et qui étaient disposées sur le flanc droit du bastion Hernando, le flanc gauche du bastion Paciotto, et les courtines adjacentes. Jamais son feu n'avait été plus vif : ses canonniers avaient ordre de tirer autant que leurs forces physiques leur permettraient de le faire. Notre contre-batterie ne put rien, ou presque rien, contre le flanc du bastion Hernando; mais notre batterie de brèche ouvrit très promptement l'escarpe de la face gauche du bastion de Tolède.

Le 23 au matin, la descente de fossé souterraine avait atteint et percé la contrescarpe, et la brèche était à-peu-près praticable, lorsque le général Chassé demanda à capituler. Instruit que depuis quelques jours nous ne faisions plus ou presque plus de travaux à la surface du terrain, il s'était persuadé que nous en exécutions sous terre; que la contrescarpe serait renversée par des fourneaux de mines; qu'elle remplirait le fossé jusqu'à la brèche, et nous donnerait ainsi un passage, qui serait immédiatement suivi de l'assaut, comme à la lunette Saint-Laurent. Nous n'entendions pas cependant franchir ainsi le fossé. La contrescarpe avait trop peu de hauteur au-dessus de l'eau pour que ses décombres pussent nous donner un passage jusqu'à la brèche; et rien d'ailleurs n'aurait couvert les assaillans contre le flanc du bastion Hernando.

Nous avions préparé tous les moyens d'opérer le passage du fossé sur un pont solide, bordé d'un parapet, et disposé de manière à laisser un libre passage aux eaux, lors des manœuvres, que la marée pouvait per-

mettre aux assiégés d'exécuter. L'essai de cette disposition, déjà commencé à Valenciennes avant le départ de
l'armée, avait été renouvelé de nuit, avec succès, dans
le bassin du port d'Anvers. Les ingénieurs eurent regret
de ne pouvoir exécuter sur une eau courante un passage de fossé, dont l'histoire des siéges offre si peu
d'exemples. Ils durent se consoler en réfléchissant
qu'on ne l'eût fait qu'au prix du sang de plusieurs de
nos soldats et de nos officiers; car, ainsi que nous
l'avons déjà dit, les feux du flanc du bastion Hernando n'étaient nullement éteints.

Le général Chassé demandait à retourner en Hollande
avec sa garnison, après avoir évacué la citadelle, ainsi
que la Tête-de-Flandre et les forts qui en dépendent.
C'était la proposition que le maréchal Gérard lui avait
faite le premier jour du siége; mais il est rare qu'après
la victoire on accorde les mêmes conditions qu'on avait
offertes avant le combat. Le général français exigea que
la garnison déposât les armes et fût prisonnière de
guerre. Il promit toutefois qu'il lui rendrait et les armes
et la liberté, si les Hollandais évacuaient les forts de
Lillo et de Liefkenshoek; ces forts, au moment de
notre entrée en Belgique, avaient été distraits du com-
mandement du général Chassé.

La réponse du roi de Hollande au sujet des deux
forts ayant été négative, la garnison de la citadelle d'Anvers fut envoyée en France.

L'escadre hollandaise qui se trouvait dans les eaux de
la Zélande, fit pendant le siége, et le jour même de la
reddition, diverses tentatives pour rouvrir ses communications avec la citadelle. Elles ne servirent qu'à faire
tuer son amiral, et à faire battre ses troupes de débarque-
ment par un nombre de Français très inférieur au leur.

Les pertes des assiégeans furent d'environ cent hommes tués, et de près de six cents blessés. Celles du corps du génie furent proportionnellement les plus grandes. D'après les rapports du général Chassé, les Hollandais auraient eu plus de morts, et moins de blessés, que les Français. Ce fut leur artillerie qui perdit le plus.

Une remarque qu'il n'est pas inutile de consigner ici, c'est que pendant le cours d'un siége, où nos troupes furent souvent baignées par la pluie et eurent presque constamment les pieds dans l'eau et dans la boue, nous n'eûmes que très peu de malades. On fit la même remarque sur la garnison de la citadelle, pour qui son entassement dans des souterrains aurait dû être aussi une cause de maladies.

Pour venir recueillir nos blessés et leur faire administrer plus tôt les soins et les secours de l'art, nos infirmiers, excités par l'exemple des officiers de santé, s'avançaient souvent dans les tranchées jusqu'à des points très dangereux. On y voyait aussi plusieurs cantinières, dont quelques-unes se faisaient remarquer par leur intrépidité. Mais nous n'avons pas besoin de dire qu'il faut reléguer parmi les fables le trait, rapporté par des journaux, d'une de ces cantinières qui aurait été sur le radeau des mineurs leur apporter dans leur trou, à la lunette Saint-Laurent, des vivres dont leurs chefs et leurs camarades les auraient laissé manquer.

Les journaux ont aussi beaucoup parlé d'un gros mortier, coulé à Liège, qui, pour la grosseur démesurée de son calibre, peut être comparé aux canons des Dardanelles, ou à celui que, dans le quatorzième siècle, on avait fabriqué à Gand pour le siége d'Oudenarde, et qu'on voit encore exposé dans la première de ces villes. Le fait est que ce mortier ne tira que les deux derniers jours, et ne lança qu'un petit nombre de bombes, dont quelques-unes seulement tombèrent dans la citadelle où elles *ne causèrent aucun dommage.* On peut en croire les rapports du général Chassé, qui est bien loin de chercher à atténuer l'effet des projectiles lancés sur la citadelle; car il s'y plaint de la *brutalité inouïe* de notre bombardement. L'on y voit aussi que, dès le commencement du siége, lorsque nos bombes percèrent les blindages qu'il croyait à l'épreuve de leurs coups, il avait pensé que nous en avions employé d'une grosseur inusitée.

Les Français restèrent entièrement étrangers au tir du gros mortier, qu'on a voulu baptiser du nom de *mortier-monstre.* Ni l'artillerie, ni le génie, n'eurent recours, contre la citadelle d'Anvers, à des moyens nouveaux, à des méthodes nouvelles; ils se bornèrent à ceux qu'ont consacrés l'expérience des siéges, l'exemple de Vauban et de ses plus habiles successeurs.

Nous ne parlerons point de l'affluence extraordinaire de curieux qui, de la Belgique et des pays voisins, accoururent, aussitôt après la reddition de la citadelle, pour en visiter les attaques. Elles avaient occupé l'attention générale; chacun désirait en visiter le théâtre.

En lisant ce récit succinct, on aura remarqué que notre artillerie dut faire des efforts extraordinaires pour l'armement de ses batteries. Si elles ne parvinrent pas à éteindre les feux de la citadelle (ce qui s'explique par la multiplicité des traverses, des blindages et des pièces de rechange qui s'y trouvaient), du moins la batterie vraiment décisive, celle qui porta le dernier coup à la défense, la batterie de brèche enfin, remplit parfaitement son objet.

Les effets du bombardement furént aussi on ne peut

plus complets : les souterrains des fortifications et le grand magasin à poudre exceptés, il ne resta pas, pour ainsi dire, pierre sur pierre dans l'intérieur de la citadelle. Mais ce qui étonnera sans doute ceux qui accordent une importance exagérée à ces moyens de destruction, c'est que ce bombardement si terrible n'avança pas sensiblement l'heure de la reddition de la place. Ce ne furent point nos batteries de mortiers et les vingt-cinq mille bombes qu'elles lancèrent, ce fut la batterie de brèche, en ouvrant le corps de place; ce furent nos travaux poussés jusqu'au fossé, qui seuls déterminèrent le gouverneur à capituler.

Vers la fin du siége, tous nos régimens d'infanterie avaient demandé à participer à la garde et à l'exécution des tranchées. On vit nos grenadiers et nos voltigeurs réunis, arriver en chantant de Malines, distant de cinq lieues, pour venir dans ces tranchées, où les attendait une pluie affreuse. La constance de toutes les troupes dans les travaux fut vraiment admirable. Au milieu des dangers et des fatigues qu'ils entraînaient, on n'entendit pas une plainte, un murmure. Nos jeunes soldats furent sans doute, dans les premiers jours surtout, un peu étonnés d'un genre de guerre qui, par des chemins artificiels, et malgré un feu non interrompu, les rapprochait sans cesse de l'ennemi. Il y eut quelquefois, à la tête des sapes de fausses alertes, des momens d'hésitation et de trouble, mais ils ne furent jamais de longue durée, et avant que l'assiégé pût en profiter, le calme et la confiance étaient déjà rétablis.

Les troupes du génie, toujours chargées de la partie la plus difficile des ouvrages, marchant toujours à la tête des autres travailleurs aux points du plus grand danger, se montrèrent dignes de ce poste d'honneur.

Plusieurs sous-officiers et soldats se signalèrent par une fermeté et une énergie beaucoup plus rares que la bravoure; et le roi des Belges, qui vint visiter nos tranchées dans un des momens les plus difficiles du siége, eut l'occasion d'en faire la remarque. Les artilleurs ont mérité les mêmes éloges, ceux-là particulièrement qui servirent la batterie de brèche et la contre-batterie sous le feu le plus violent.

Les officiers du génie, ainsi que ceux de l'artillerie, eurent le plus de fatigues à souffrir; mais, outre le sentiment du devoir, ils étaient soutenus par la confiance qu'ils avaient en leurs chefs; confiance que justifiaient chaque jour les résultats. Si tout ne fut point parfait dans leurs travaux, personne, nous le croyons, ne refusera des éloges à la direction et à la marche des attaques; et les militaires qui étudient l'art des siéges, pourront y trouver d'utiles leçons.

Nous ajouterons ici que la meilleure intelligence régna constamment entre les chefs du génie et de l'artillerie. Chaque soir, ils se rendaient l'un et l'autre chez M. le maréchal commandant en chef, auquel ils soumettaient tout ce qu'ils faisaient ou voulaient faire; là s'arrêtaient toutes les mesures nécessaires pour coordonner et faire marcher de front les diverses opérations. Une semblable harmonie est un des plus sûrs garans du succès dans les siéges.

Quant aux assiégés, nous louerons leur artillerie presque sans restriction. On a pu blâmer l'espèce de mollesse de son action dans les premiers jours, lorsque nous-mêmes ne tirions pas encore. Mais on n'eut plus ensuite de faute à remarquer. Cette artillerie sut, avec habileté et persévérance, profiter, pour réparer ses batteries, des interruptions de notre feu. Elle parvint ainsi à conserver le sien, et à soutenir jusqu'à la fin une lutte dans laquelle, d'ordinaire, l'assiégé succombe dès le commencement.

Mais la défense de la citadelle d'Anvers ne fut, pour ainsi dire, qu'une défense de feu; car la plus forte sortie d'une garnison qui comptait plus de cinq mille combattans, ne fut pas même de cent hommes.

On pourrait croire que, dès les premières sorties, le cœur faillit à l'infanterie assiégée, et qu'on n'osa plus lui faire rien entreprendre. Mais n'en désespéra-t-on point trop tôt? En souffrant patiemment un bombardement affreux, sans la moindre tentative de mutinerie pour accélérer la reddition de la place, elle fit preuve d'un courage passif assez rare, et pour lequel il fallait peut-être tout le flegme du caractère hollandais. Si le général Chassé avait pu sortir de sa casemate, et se montrer quelquefois à de pareilles troupes, il serait parvenu sans doute à les animer, à leur inspirer un peu de cette ardeur qui porte au-devant du danger; et il aurait pu alors tenter de plus fréquentes, de plus fortes sorties, et peut-être même soutenir l'assaut. Mais le général Chassé était infirme et ne pouvait marcher qu'avec une extrême difficulté. Personne, dans la citadelle, ne pouvait le suppléer pour l'influence morale à exercer sur les troupes. Les journaux ont retenti, et ce général a beaucoup parlé lui-même du projet qu'il aurait eu de mettre le feu au grand magasin à poudre, au moment du dernier assaut, et de se faire sauter avec tout ce qu'il y aurait eu alors d'assié-geans et d'assiégés autour de lui. Lorsqu'on veut réellement exécuter un tel projet, on ne le publie point d'avance; on ne le dit pas surtout devant la garnison qu'on veut faire périr avec soi, et qui saurait bien alors trouver moyen de s'y opposer.

Quoi qu'il en soit, si, sans songer (sérieusement ou non) à ces résolutions extrêmes que dans sa position rien ne justifiait, le général Chassé eût fait mieux organiser les retranchemens intérieurs des bastions et profiter du souterrain qui joint les deux flancs bas pour pousser en avant des rameaux de mine, il aurait pu alors ne faire sauter que les assaillans, et prolonger la défense de plusieurs jours. Nous n'alléguerons pas en sa faveur, comme la plupart de ses apologistes, qu'il n'avait aucun espoir d'être secouru ; que sa défense ne se liait à aucun ensemble d'opérations militaires; qu'il ne se battait ainsi que pour l'honneur; que, l'honneur satisfait, il n'avait plus de motifs de prolonger la résistance; que ses soldats étaient d'ailleurs sans animosité contre les Français; et qu'enfin, il pouvait sans honte céder aux forces supérieures et à l'ascendant militaire d'une nation illustrée de tout temps par de hauts faits d'armes; mais, pour être entièrement juste envers lui, nous dirons qu'il ne s'est rendu que lorsqu'il a cru qu'une mine était toute prête pour combler d'un seul coup l'intervalle qui séparait l'assiégeant de la brèche, et ouvrir au même instant le chemin de l'assaut; et que si l'on excepte quelques siéges d'Espagne du temps de Napoléon, nos dernières guerres n'ont pas offert un seul exemple d'une défense régulière poussée aussi loin que celle de la citadelle d'Anvers.

Cette citadelle, entre les mains du roi de Hollande, pesait depuis plus de deux ans sur la Belgique, et plus particulièrement sur la ville d'Anvers, qui se croyait toujours menacée d'un bombardement. Aussi, et cette ville et la Belgique, par l'organe de ses chambres et de son roi, ont-elles voté des remercîmens à l'armée du Nord. Mais ce n'est pas de la Belgique seulement, c'est aussi de la France que cette armée a bien mérité. Par ce qu'elle a fait dans ce pays et dans la saison la plus contraire aux opérations militaires, elle a prouvé ce dont elle serait capable ailleurs et dans toutes les circonstances : elle a ainsi contribué à l'affermissement de la paix ; car les puissances qui nous sont peu favorables seront encore moins tentées qu'auparavant de se mesurer avec nous.

Aux termes de la convention conclue entre la France et l'Angleterre, les Français devaient, après avoir pris la citadelle d'Anvers, la remettre aux Belges, et rentrer ensuite dans leur pays. Ils l'ont fait.

En 1831, l'armée du Nord, sans coup férir, renvoya chez eux les Hollandais qui avaient envahi la Belgique. En 1832, elle leur a enlevé, par les armes, la citadelle d'Anvers, dont ils refusaient de se dessaisir. Elle a ainsi deux fois rempli sa tâche. C'est à présent aux diplomates à bien remplir la leur.

L.

LÉGENDE EXPLICATIVE

DU PLAN JOINT A LA RELATION QUI PRÉCÈDE.

———

La tranchée fut ouverte dans la nuit du 29 au 30 novembre ; les douze batteries ci-dessous désignées furent commencées la même nuit et ouvrirent leur feu le 4 décembre, savoir :

Batterie n° 1. Tirant de plein fouet contre la face gauche du bastion de Tolède.

Idem n° 2. Ricochant la face droite du même bastion.

Idem n° 3. Tirant de plein fouet contre la face gauche de la demi-lune 2-3.

Batterie n° 4. Battant à ricochet la face droite de cette demi-lune.

Idem n° 5. Battant de plein fouet la face droite du bastion de Tolède, et à ricochet la face droite de la lunette Saint-Laurent.

Idem n° 6. Ricochant la face gauche du bastion de Tolède.

Idem n° 7. Battant de plein fouet la face gauche du bastion Paciotto, et à ricochet la face gauche de la lunette Saint-Laurent.

Idem n° 8. Ricochant la face gauche de la demi-lune 2-3.

Idem n° 9. Tirant à revers sur le front d'attaque.

Idem n° 10. Battant de plein fouet la lunette de Kiel et la demi-lune 3-4.

Idem C et D. De 10 mortiers chacune.

Plus tard, le nombre des mortiers a été porté à quarante dans les batteries B, E, F, G, H et I. La batterie A n'a pas tiré.

2e et 3e nuits (du 30 novembre au 2 décembre). — Cheminemens en avant de la première parallèle jusqu'à la deuxième.

4e, 5e et 6e nuits (du 2 au 5). — Deuxième parallèle et logement dans le saillant du chemin couvert de la lunette Saint-Laurent. Les batteries de mortiers A et B ont été commencées dans la cinquième nuit.

7ᵉ, 8ᵉ, 9ᵉ, 10ᵉ, et 11ᵉ nuits (du 5 au 10).   Cheminemens en avant de la deuxième parallèle, dans la contregarde et son chemin-couvert, et continuation des sapes dans le chemin-couvert de la lunette et sur son glacis. Commencement des batteries de mortiers E, F, G et de la batterie n° 11.

12ᵉ nuit (du 10 au 11).   Achèvement de ce dernier logement et de la troisième parallèle, commencement de la quatrième et attachement du mineur à l'escarpe de la lunette.

13ᵉ nuit (du 11 au 12).   Achèvement de la quatrième parallèle.

14ᵉ nuit (du 12 au 13).   Couronnement du chemin-couvert de la face gauche du bastion de Tolède.

15ᵉ nuit (du 13 au 14).   Continuation de ce couronnement, jeu des fourneaux et prise de la lunette. Logement joignant sa gorge à la quatrième parallèle. Commencement de la batterie n° 12 dans la contregarde.

16ᵉ nuit (du 14 au 15).   Cheminemens vers le saillant du chemin-couvert de la demi-lune 2-3, et commencement de la batterie de mortiers H.

17ᵉ nuit (du 15 au 16).   Couronnement du chemin-couvert de la face droite du bastion de Tolède, et de celui de la face gauche de la demi-lune 2-3. Commencement de la batterie n° 13.

18ᵉ nuit (du 16 au 17).   Commencement de la batterie de brèche et de la descente souterraine adjacente, et réunion des couronnemens des chemins-couverts du bastion et de la demi-lune.

19ᵉ nuit (du 17 au 18).   Commencement de la contre-batterie, et logement dans la place d'armes rentrante du chemin-couvert de la face gauche du bastion de Tolède.

20° nuit (du 18 au 19).   Commencement de la batterie K de
                                 6 pierriers, du pont de fascines sur le
                                 fossé de la demi-lune, et de la descente
                                 à ciel ouvert du fossé du corps de
                                 place, adjacente à la descente souter-
                                 raine,

21° nuit (du 19 au 20).   Armement de la batterie de brèche et
                                 de la contre-batterie.

Le 21 à midi, on commence à battre en brèche.

Le 23, la brèche est faite, la descente souterraine achevée, et la contrescarpe percée. A dix heures du matin, l'assiégé demande à capituler.

Le 24, les Hollandais sortent de la citadelle et mettent bas les armes sur les glacis.

Le 25, la Tête-de-Flandre et les forts qui en dépendent sur la rive gauche de l'Escaut sont occupés par les Français.

La citadelle était armée de cent trente bouches à feu, et la garnison forte d'environ cinq mille hommes.

IMPRIMÉ CHEZ PAUL RENOUARD,

RUE GARENCIÈRE, N° 5.

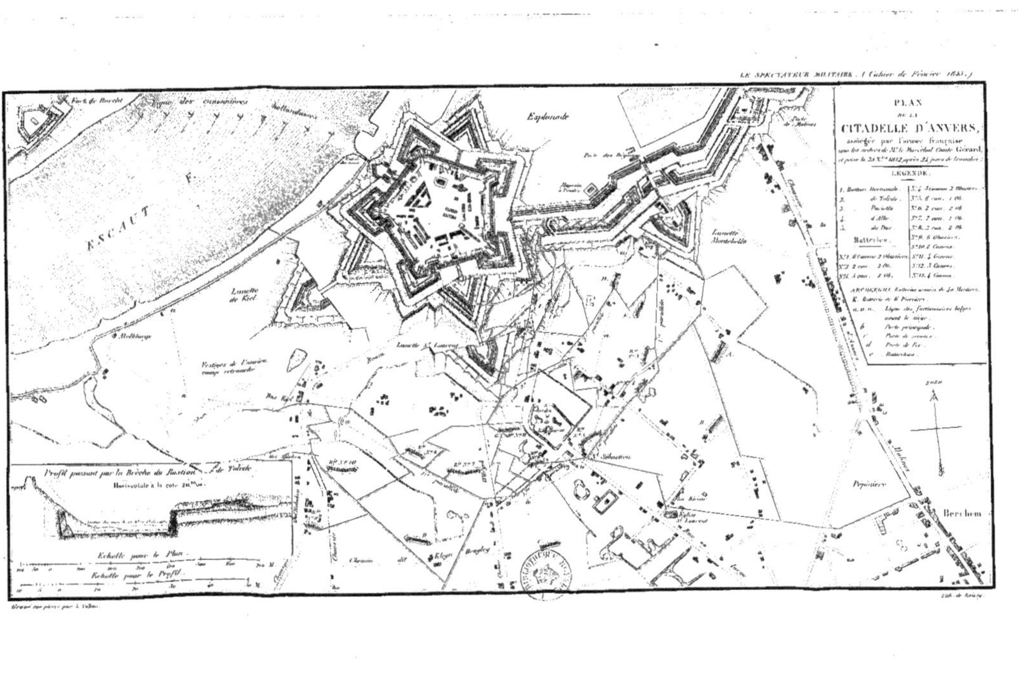

LE SPECTATEUR MILITAIRE. (Cahier de Février 1833.)
PLAN
DE LA
CITADELLE D'ANVERS,
assiégée par l'armée française
sous les ordres de Mr. le Maréchal Comte Gérard,
et prise le 23 Xbre 1832, après 24 jours de tranchée.
LÉGENDE.
Bastions: 1. Hermando. 2. de Tolède. 3. Paciotto. 4. d'Albe. 5. du Duc.
Batteries.
Escaut
Esplanade
Lunette Montebello
Lunette de Kiel
Lunette St. Laurent
Berchem
Pépinière
Profil passant par la Brèche du Bastion de Tolède.
Échelle pour le Plan.
Échelle pour le Profil.
Gravé sur pierre par L. Vallée.
Lith. de Kaeppelin.

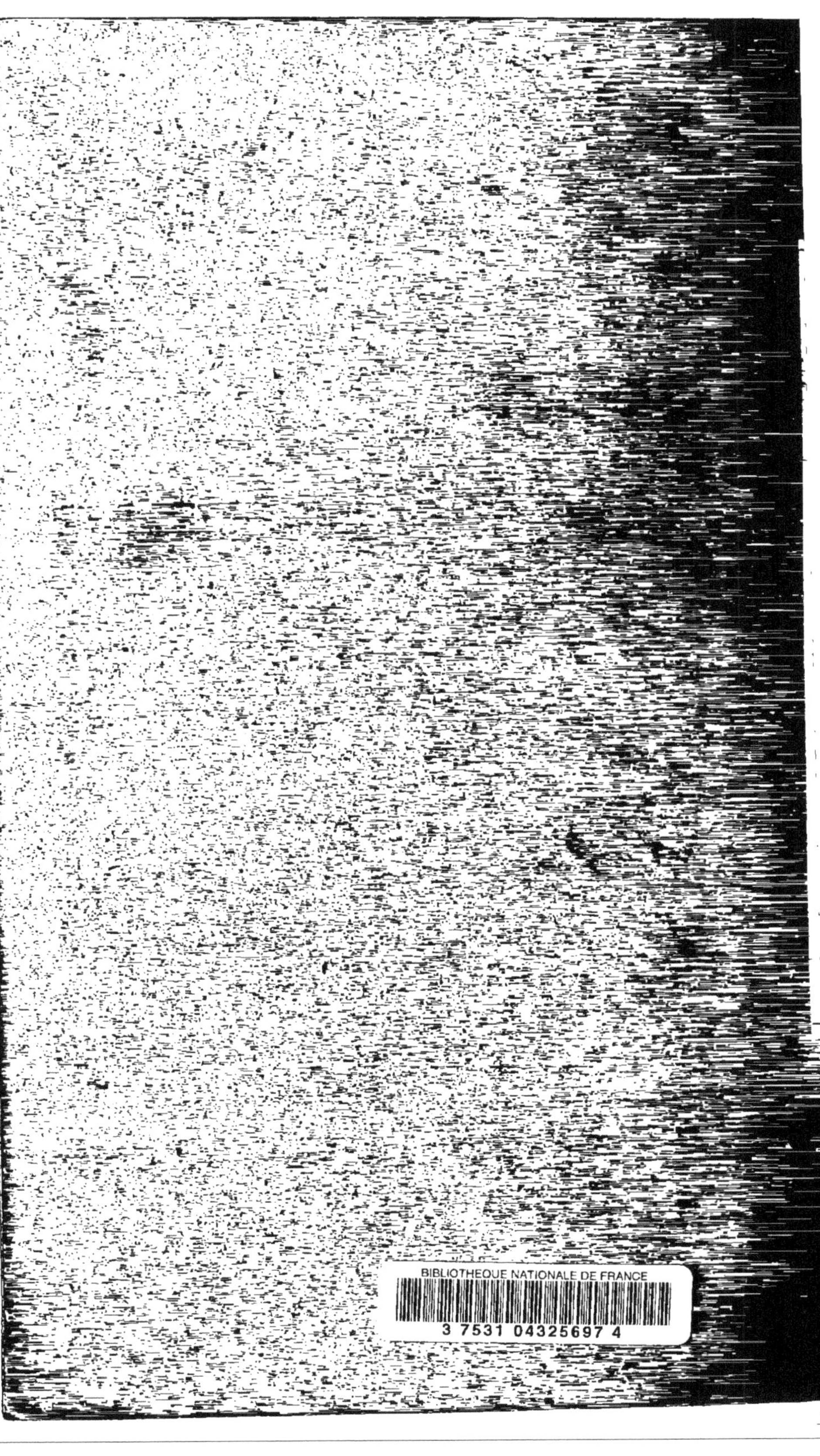